LE STYLE RESTAURATION

la grammaire des styles

LE STYLE RESTAURATION

par

Anne Dion-Tenenbaum

Flammarion

Illustration de la couverture : *Paris, galerie Colbert, Bibliothèque nationale*

I.S.B.N. 2-08-011363-1
Imprimé en France

INTRODUCTION

Le 6 avril 1814, après l'abdication de Napoléon Ier, le Sénat conservateur fait appel aux Bourbons qui, excepté l'épisode des Cent-Jours, vont régner jusqu'en 1830. L'ancien comte de Provence, qui monte sur le trône sous le nom de Louis XVIII, obèse, presque impotent, n'aspire qu'à la vie calme à laquelle l'a accoutumé l'émigration. Peu sensible aux arts plastiques, il préfère cultiver l'art de la conversation dans un cercle d'intimes ; aussi la vie de Cour, régie par une étiquette rigide, est-elle extrêmement austère et le mécénat royal modeste. Louis XVIII trouve aux Tuileries l'abondant mobilier laissé par l'Empereur, et son goût ancien du néo-classicisme s'en accommode fort bien ; d'ailleurs l'état des finances du royaume lui impose un train de vie peu dispendieux. Lorsque son frère Charles X lui succède en 1825, la Cour s'anime un peu ; mais les réceptions, les soupers publics, les parties de chasse ne rappellent que de loin les fêtes de l'Ancien Régime, et Charles X n'est pas un esthète. Louis XVIII et Charles X se contentent de quelques commandes d'apparat (salle du Trône, orfèvrerie du sacre de Charles X) et d'achats destinés à stimuler l'activité économique ou à servir de cadeaux « diplomatiques ». Seule la duchesse de Berry

En frontispice :
Paris,
galerie Colbert,
Bibliothèque nationale.
Photo B.N.

exerce un véritable mécénat ; la jeune Marie-Caroline de Naples introduit un peu de vie et de gaieté dans cette Cour compassée. Généreuse, elle n'hésite pas à investir de fortes sommes dans des constructions (chapelle expiatoire de Rosny) ou dans des ameublements. De plus, le choix des artistes auxquels elle s'adresse n'a rien de conformiste.

Paris est toujours la capitale du luxe. Certaines industries en sont bien spécifiques : orfèvrerie, bronze, tabletterie, peinture sur porcelaine ; tous ces « articles de Paris » sont proposés à une clientèle bourgeoise chez les quincailliers, les marchands de nouveautés et de cristaux comme le « Petit Dunkerque », rue de Richelieu, ou l'« Escalier de cristal » au Palais-Royal.

Les expositions des produits de l'industrie sont pour nous un irremplaçable témoignage de l'évolution des tendances. La tradition inaugurée par le Directoire est reprise par le gouvernement royal qui organise trois expositions au Louvre, en 1819, 1823 et 1827. Elles permettent aux fabricants de se faire connaître et constituent un efficace moyen de brassage et d'émulation.

Le début de la Restauration ne marque pas de rupture de style par rapport à l'Empire ; l'Antiquité est toujours la source essentielle de l'inspiration, et le néo-classicisme la règle. D'ailleurs les créateurs du style Empire, Percier, Fontaine, Jacob-Desmalter ne sont pas évincés par le nouveau régime, même s'ils ne bénéficient plus du même crédit. Des hommes de l'Ancien Régime retrouvent la faveur des Bourbons : Dugourc, qui avait sous Louis XVI le titre de Premier dessinateur du cabinet du Roi, Bélanger, l'architecte de Bagatelle ; leur classicisme est sans doute moins sévère, et ils infléchissent le style dans un sens plus aimable. Une nuance de naturalisme devient sensible, rosaces et rinceaux se multiplient. Ces permanences sont à souligner dans une société atteinte par la vague romantique qui triomphe en littérature et en peinture.

A l'exposition de 1827 cependant, l'invasion de meubles, porcelaines et bronzes de style néo-gothique prouve que les arts décoratifs sont gagnés par la passion du Moyen Age romantique. Le gothique apparaît comme un style national, lié à la monarchie, alors que le romantisme est encore royaliste. Les émigrés contribuent à cette mode qui a été beaucoup plus précoce en

Angleterre et en Allemagne ; les traductions en français de Walter Scott (1822), Goethe (*Faust*, 1822) et Schiller confortent cette influence. La duchesse de Berry encourage cet engouement avec enthousiasme ; en 1820, elle apparaît en reine du Moyen Age dans un bal chez le banquier Greffulhe, et en 1829 elle organise au pavillon de Marsan le célèbre « quadrille de Marie Stuart ». Le « style à la cathédrale » recourt au répertoire gothique pour l'ornementation uniquement et sans souci de vérité archéologique. Cette tentative de renouvellement de l'inspiration par un retour aux sources est déjà un signe précurseur de l'éclectisme.

Manufacture Dufour, Télémaque dans l'île de Calypso. *Décor panoramique, vers 1819. Paris, musée des Arts décoratifs. Photo du musée, Sully-Jaulmes.*

*Paris,
palais du Louvre,
Cour carrée, façade
ouest : œil-de-bœuf
du rez-de-chaussée,*
La France et la Charte.
Photo Flammarion.

L'ARCHITECTURE

Louis XVIII et Charles X, par économie, se contentent souvent de poursuivre les chantiers entrepris sous l'Empire ou d'effectuer les travaux indispensables aux palais royaux et aux bâtiments civils (ministère des Finances, palais de la Bourse, Palais-Bourbon). Fontaine (1762-1853), maintenu architecte du Louvre, est chargé de réunir le Louvre aux Tuileries : la galerie nord, le long de la rue de Rivoli, est amorcée jusqu'au pavillon de Rohan. Il dirige la décoration du vieux Louvre, toujours inachevée, à l'extérieur (fronton de la façade nord, œils-de-bœuf de la cour Carrée) comme à l'intérieur (musée Charles X). Après de multiples tergiversations, on décide d'achever l'Arc de triomphe en le consacrant au souvenir de l'expédition d'Espagne, mais les travaux piétinent.

Le 18 janvier 1815, les restes de Louis XVI et de Marie-Antoinette, exhumés du cimetière de la Madeleine, sont transportés à Saint-Denis, avec la solennité dépeinte par Chateaubriand. Au fond de l'ancien cimetière bordé d'arcades, Fontaine édifie une chapelle expiatoire, en croix grecque, couverte d'une coupole centrale et de demi-coupoles à caissons. Cet édifice n'est pas isolé. Une autre chapelle fut entreprise à la

BEATAE·MARIAE·VIRGINI·LAVRETANAE

Page 10 en haut :
Joseph-Antoine Froelicher, chapelle expiatoire de Rosny-sur-Seine, 1820-1822. Photo Boudot-Lamotte.

Ci-contre :
Charles Lepère, Paris, nef de Saint-Vincent-de-Paul.

Page 10 en bas :
Hippolyte Lebas, Paris, façade de Notre-Dame-de-Lorette. Photo J. Verroust.

mémoire du duc de Berry sur l'emplacement de son assassinat mais, inachevée, elle fut détruite sous la Monarchie de Juillet. Enfin, la duchesse de Berry fonde à Rosny (où son époux avait acheté un château en 1817) un hospice assorti d'une chapelle expiatoire pour abriter le cœur du duc de Berry. Le jeune architecte auquel elle fait appel, Frœlicher (1790-1866), place un petit sanctuaire à nef unique, précédé d'un narthex, au fond d'une cour bordée par les deux ailes à arcades de l'hospice Saint-Charles. Le plan centré, la façade carrée et aveugle agrémentée d'un portique situent ce bâtiment, de même que l'œuvre de Fontaine ou celle de Cramail à Dreux (avant les additions néo-gothiques), dans une tradition néo-classique tardive.

L'architecture religieuse

Deux domaines échappent à l'atonie générale : l'architecture religieuse, vivifiée par le renouveau catholique, et les théâtres, indispensables à une société friande de spectacles. La Madeleine, rendue au culte, est achevée sous la direction de Vignon (jusqu'à sa mort en 1828), puis de J.J.M. Huvé. Godde (1781-1869) devient

Constantin, hôtel de Mlle Duschenois, rue de La Tour-des-dames, 1820. Photo Boudot-Lamotte.

un spécialiste des constructions ecclésiastiques où il applique le plan basilical : Saint-Pierre-du-Gros-Caillou, Notre-Dame-de-Bonne-Nouvelle... Il faut pourvoir d'églises les nouveaux quartiers. A Notre-Dame-de-Lorette, Hippolyte Lebas (1782-1867) s'inspire des basiliques romaines ; le portique à colonnes ferme la perspective depuis la rue Lafitte. Lepère (1761-1844) fait les plans de Saint-Vincent-de-Paul, mais il rencontre des difficultés pour les fondations et le parvis en gradins monumentaux, si bien que les travaux ne sont repris que quelques années plus tard par son gendre Hittorff.

Les théâtres se multiplient également. Un nouvel Opéra, rue Grange-Batelière, remplace celui dont l'assassinat du duc de Berry rend l'utilisation insupportable. L'architecte Guerchy (1774-1852) semble le spécialiste le plus requis pour les salles de spectacles (Gymnase dramatique, salle Ventadour...).

Urbanisme

Le règne de Charles X est très favorable à la construction privée. La spéculation immobilière, dénoncée par Balzac, connaît une brève mais brillante phase de relance, qu'une crise interrompt dès 1828. Les plus grands lotissements de l'histoire de l'urbanisme pari-

*Immeuble,
30, rue de Rivoli,
élévation, 1822-1823.
Paris, bibliothèque
des Arts décoratifs,
collection Maciet.
Photo Flammarion.*

sien voient alors le jour : le quartier Saint-Vincent-de-Paul avec pour axe la rue Charles X (actuelle rue La Fayette) ; le quartier François Ier, qui doit son nom à une maison dans laquelle l'architecte insère un décor sculpté du XVIe siècle démonté à Moret ; le quartier Saint-Georges autour de Notre-Dame-de-Lorette ; le quartier d'hôtels de la Nouvelle Athènes autour des rues de La Rochefoucauld, Saint-Lazare et de La Tour-des-Dames ; le quartier de l'Europe ; et enfin les lotissements plus périphériques de Beaugrenelle et de Passy.

Dans tous ces ensembles se fixent les caractéristiques de l'immeuble de rapport, module de ces quartiers homogènes, et prototype de ce que sera l'immeuble bourgeois pendant tout le XIXe siècle. La façade en pierre de taille ou en simple moellon plâtré est très

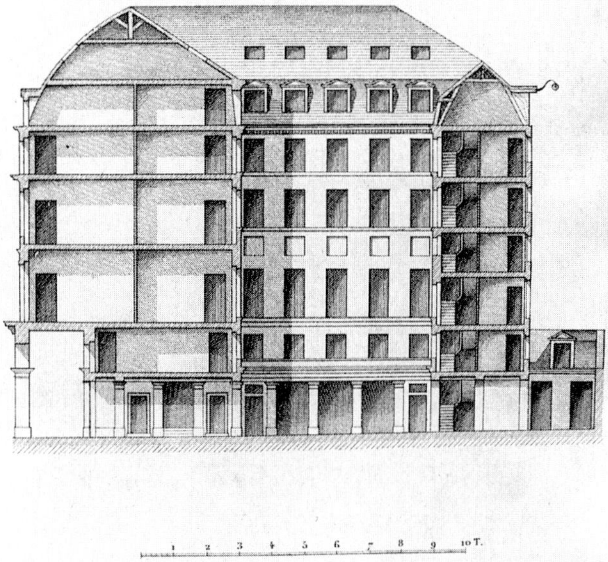

Immeuble,
30, rue de Rivoli,
coupe, 1822-1823.
Paris, bibliothèque
des Arts décoratifs,
collection Maciet.
Photo Flammarion.

plate, sans ornement, scandée seulement par les bandeaux d'appui horizontaux et les pilastres de refend et harpages d'angles verticaux ; elle est largement évidée par de très nombreuses fenêtres qui, encadrées de persiennes, engendrent par leur rythme répétitif un sobre quadrillage.

Autre type d'architecture urbaine : le passage couvert. Ce n'est pas une création de la Restauration, mais ces galeries, lieux de commerce de luxe et de flânerie, prolifèrent alors : passage des Deux-Pavillons, galerie Vero-Dodat, passage de l'Opéra, galerie Vivienne, galerie Colbert... Ces passages ouvrent souvent par une sorte d'arc triomphal, et sont éclairés par une verrière, au niveau du premier étage des immeubles qui le bordent.

Pour les décors de fêtes, les architectes se montrent plus sensibles aux modes. Lecointe et Hittorff, qui succèdent à Bélanger, créent pour le sacre de Charles X un décor néo-gothique.

Paris,
galerie Vivienne,
1824-1826.
Photo Flammarion.

Gravure tirée de Histoire du Palais-Royal *de Pierre-François-Léonard Fontaine, Paris, 1837. Planche 32, salon de l'aile de Nemours. Paris, bibliothèque des Arts décoratifs, collection Maciet. Photo Flammarion.*

Eugène Devéria, Pujet présentant le Milon de Crotone à Louis XIV dans les jardins de Versailles. *Etude pour le plafond du Louvre dans l'ancien musée de Charles X (galerie Campana), 1830. Photo Musées nationaux.*

LE DÉCOR INTÉRIEUR

Comme l'architecture, le décor intérieur est l'œuvre d'hommes formés à la fin du siècle précédent ou sous l'Empire : Bélanger, Jean-Démosthène Dugourc (1749-1825), dessinateur du Garde-Meuble, Jacques-Louis de La Hainay de Saint-Ange, élève de Percier et Brongniart et successeur de Dugourc, Fontaine. Le *Recueil de décorations intérieures* publié sous l'Empire par Percier et Fontaine a toujours ses adeptes puisqu'une nouvelle édition est tirée en 1827; d'ailleurs les *Meubles et objets de goût* de La Mésangère en sont souvent de simples adaptations.

Rien d'étonnant donc à ce que le répertoire ornemental s'inspire à la fois des styles Louis XVI, Directoire et Empire : palmettes, rosaces, rinceaux, candélabres, griffons, lyres, cygnes, dauphins, cornes d'abondance. Tous ces motifs ont cependant tendance à s'alourdir, à se tasser; les proportions ne sont plus aussi harmonieuses. L'imitation de l'Antiquité conduit à prôner de riches décors intérieurs; ainsi Fontaine pourvoit les salles du Louvre de colonnes de marbres colorés, de frises peintes, et de plafonds dus aux artistes les plus illustres (Devéria, Gros, Ingres, Delacroix...).

Dans les intérieurs privés, souvent un lambris peint

Salon de la maison de Chateaubriand à la Vallée-aux-Loups (reconstitution). Photo D. Raux.

en blanc, en imitation bois, ou encore en faux marbre, sert de base à un tissu à semis de fleurs, ou à un papier peint bordé de larges frises. Une moulure à rinceaux, à rosaces ou à grecques atteste le goût des finitions élégantes. Le blanc, les teintes claires et fraîches sont très prisés. Le rôle des tapissiers s'accroît. La disposition des intérieurs est peu à peu atteinte par le désordre romantique. En témoignent les aménagements dirigés par la duchesse de Berry à l'Elysée-Bourbon, aux Tuileries (au pavillon de Marsan) et enfin au château de Rosny. Elle introduit le goût du bric-à-brac, tapissant les murs de tableaux et encombrant les pièces de bibelots achetés au Petit-Dunkerque.

Auguste Garneray, chambre à coucher de la duchesse de Berry au pavillon de Marsan, aquarelle. Paris, musée des Arts décoratifs. Photo du musée, Sully-Jaulmes.

LE MOBILIER

Le passage du style Empire au style Restauration se fait progressivement, sans heurt. Dans les châteaux royaux, Louis XVIII se satisfait des meubles laissés par son prédécesseur, se contentant de faire effacer aigles, abeilles et autres emblèmes impériaux. Ce mobilier, d'ailleurs, flatte son goût de l'antique, pour lequel il avait été l'un des premiers à s'enthousiasmer, lorsqu'il était comte de Provence.

Matières et formes

Au départ, les formes Empire sont conservées, mais leur géométrie s'infléchit peu à peu vers des lignes plus arrondies. Dans les années 1820-1824, apparaît la mode des bois clairs incrustés de sombres filets, comme en témoignent les achats de la duchesse de Berry pour le château de Rosny. Le blocus continental, en 1806, avait déjà contraint les ébénistes à recourir aux bois locaux, dans le cadre d'une économie protectionniste : orme, frêne, platane, peuplier. Sous la Restauration, la gamme s'élargit encore : oranger, citronnier, érable, sycomore, thuya moucheté ; on en recherche volontiers les ronces, les racines, les nœuds et les loupes à l'effet tourmenté et chatoyant. En même temps renaît la vogue des marqueteries, un peu délaissées sous l'Empire. Les essen-

François Baudry, lit en nacelle, 1827. Paris, musée des Arts décoratifs. Photo du musée, Sully-Jaulmes.

ces claires sont relevées d'incrustations de couleurs contrastantes, amarante, ébène, laiton. De minces filets, souples et élégants, dessinent lyres, palmettes, rosaces et rinceaux, réclamant des ébénistes une véritable dextérité d'orfèvre.

Proscrite sous l'Empire, la courbe est maîtresse. L'accoudoir des fauteuils s'enroule en volute, les pieds s'incurvent en console, les dossiers des sièges gondoles se font enveloppants, les angles des meubles s'adoucissent, les bases s'enrichissent de discrètes moulures. Le lit en nacelle de François Baudry (Paris, musée des Arts décoratifs) s'évasant en une large courbe continue, est l'aboutissement extrême de cette prédilection pour les formes arrondies ; ces recherches formelles marquent d'ailleurs beaucoup plus le style Biedermeier dans les pays germaniques que le style Restauration.

L'engouement pour ces meubles si raffinés est éphémère ; à la fin du règne de Charles X, on revient aux bois sombres, palissandre, acajou, incrustés en négatif de bois clairs, sycomore, houx et citronnier.

A ces tendances se superpose parfois un décor « à la cathédrale » ; sur des formes traditionnelles se greffent des motifs tirés du style flamboyant : rosaces, fenestrages, clochetons, pinacles. En 1817, Bellangé fournit un mobilier gothique pour le château de Mme du Cayla à Saint-Ouen. Vers 1821, la duchesse de Berry commande des meubles d'ébène d'inspiration gothique. Ce décor peut être discret ; ainsi une chaise gondole de Jeanselme ne sacrifie que superficiellement à cette mode par quelques trèfles et des arcs en accolade (Paris, musée des Arts décoratifs).

Les types de meubles

Les types de meubles sont hérités de l'Empire, ils tendent cependant à se diversifier, comme on peut s'en convaincre en feuilletant les planches des *Meubles et objets de goût* de La Mésangère ; malgré l'apparente fantaisie de ces modèles, il semble que beaucoup aient été exécutés. Les chaises, par exemple, témoignent de cette fertilité d'inventions ; on rencontre des dossiers droits, ajourés d'un motif antique, découpés en barrettes ou en croisillons, déversés à l'étrusque, en éventail ou encore imitant une draperie. Les pieds postérieurs sont en console, et les accotoirs en volute ou en col de cygne. La forme gondole remporte un extraordinaire

La Mésangère, Meubles et objets de goût, *planche 95 de la livraison 1823-1827. Paris, bibliothèque des Arts décoratifs, collection Maciet. Photo Flammarion.*

Les Frères Jeanselme, chaise-gondole, vers 1827-1830. Paris, musée des Arts décoratifs. Photo du musée, Sully-Jaulmes.

succès. Le souci naissant du confort entraîne à la fin du règne de Charles X la création des premiers sièges de tapissiers : l'ottomane, la chauffeuse, le divan, qui s'ajoute au canapé et à la méridienne, toujours en usage. Rien de très nouveau en matière de consoles, de commodes, coiffeuses, psychés, lavabos, somnos. Les lits sont toujours à montants droits, en bateau, et plus souvent en nacelle. Les bibliothèques basses et vitrines sont nombreuses dans les intérieurs. Les meubles à écrire les plus courants sont les secrétaires à abattant. L'ameublement d'une manière générale est moins austère que sous l'Empire ; il s'adapte à une société plus frivole. Beaucoup de petits meubles charmants sont liés aux activités domestiques : tricoteuses, vide-poches,

Jean-Jacques Werner, commode-secrétaire, 1819. Musée national du château de Versailles, Grand Trianon. Photo Musées nationaux.

pupitres... ; des tables de toutes dimensions parsèment les appartements.

Les ébénistes

Tout ce mobilier est presque exclusivement fabriqué à Paris. Quelques ébénistes dominent la scène : Werner, Rémond, Jacob-Desmalter, Puteaux, Baudry, Alphonse Giroux, Jeanselme, Bellangé, Lemarchand, Fischer.

Alphonse Giroux, secrétaire du duc de Bordeaux. Bordeaux, musée des Arts décoratifs. Photo du musée.

Jean-Jacques Werner (1791-1849) est peut-être le plus important fabricant de meubles de la Restauration, il en est en tout cas l'un des plus représentatifs, puisqu'il peut se flatter d'être le grand spécialiste des meubles en bois indigènes, ce qui lui vaut d'être nommé membre de la Société d'encouragement pour l'industrie nationale. Il exploite lui-même ses bois, et il a des dépôts dans différentes régions de France, ce qui garantit à son matériau une parfaite qualité ; il complète de plus ses réalisations de marbres du pays : vert de mer, porphyre des Vosges, bleu turquin. A l'Exposition des produits de l'industrie de 1819, la commode-secrétaire en frêne aujourd'hui à Versailles (Grand Trianon) lui assure une médaille d'argent. Malgré son titre de fournisseur du Garde-Meuble, il obtient assez peu de commandes officielles, mais bénéficie en revanche d'une importante clientèle privée princière (la duchesse de Berry, le roi de Bavière...).

Félix Rémond (1779-après 1860), qui a un atelier moins important que celui de Werner, rivalise avec lui

Louis-François-Laurent Puteaux, bureau à cylindre. Paris, musée Carnavalet.

Félix Rémond, psyché de la duchesse de Berry. Paris, musée des Arts décoratifs. Photo du musée, Sully-Jaulmes.

pour les bois continentaux. Chef ébéniste du Garde-Meuble, il continue à faire travailler à son compte ses propres ouvriers, même si les commandes se font en général sous le couvert de sa belle-mère Mme Morillon. Rémond est l'ébéniste favori de la duchesse de Berry qui, selon Mme Ledoux-Lebard, lui commande en 1823 pour le pavillon de Marsan un miroir, une toilette (Paris, musée des Arts décoratifs), une couchette en bois d'orme, un lavabo.

François-Honoré-Georges Jacob-Desmalter (1770-1841) perd la suprématie qu'il avait sous l'Empire, quoique toujours apprécié comme le prouve son titre d'ébéniste du Garde-Meuble ; ses prix élevés expliquent peut-être la rareté des soumissions qu'il obtient. Il se retire en 1825, cédant son entreprise à son fils Georges-Alphonse.

Puteaux (1780-1864) fait une assez brève carrière dans l'ébénisterie de luxe ; il est surtout connu pour son bureau à cylindre à quatre faces, présenté à l'exposition de 1819 (musée Carnavalet) ; il devient par la suite entrepreneur de menuiserie. De même François Baudry (1791-1859), qui s'illustre à l'exposition de 1827 avec cet étonnant lit à nacelle, se tourne ensuite vers le meuble utile, plus industriel.

François-Henri-Georges Jacob-Desmalter, écran de la salle du Trône. Paris, collection du Mobilier national. Photo Mobilier national.

Jean-Charles Cahier, calice, grand vase à vin, aiguière, plateau des offrandes, burettes et plateau du sacre de Charles X, 1824. Reims, palais du Tau, trésor de la cathédrale. Photo Joubert. © C.N.M.H.S./SPADEM.

Jean-Charles Cahier, châsse de la Sainte-Ampoule, 1820. Reims, palais du Tau, trésor de la cathédrale. © *Arch. phot.*/SPADEM.

L'ORFÈVRERIE

Comme pour les autres arts décoratifs, le mécénat officiel est assez limité sous la Restauration. Louis XVIII s'approprie ce qui subsiste de l'imposante orfèvrerie impériale, après avoir fait remplacer les attributs impériaux par les emblèmes royaux. Il conserve cependant deux orfèvres en titre : Cahier et Odiot. La volonté de renouer avec certaines traditions de Cour, outre l'apparat de la table, impose certaines commandes ; soit par l'usage des cadeaux diplomatiques ; soit par piété monarchique : ainsi les deux grands ostensoirs en vermeil envoyés par Louis XVIII à Cagliari (en Sardaigne, où reposait sa femme) et à Trieste (dernier exil des tantes de Louis XVI) ; ou encore les coffrets en vermeil destinés à contenir les reliques royales de Louis XVI, Henri IV et Marie de Médicis, transférées à Saint-Denis. Quant à la chapelle expiatoire de Paris, elle est dotée d'une garniture d'autel par Bertrand-Paraud. L'avènement de Charles X entraîne une commande importante puisque ce dernier tient, avec obstination, à être sacré à Reims avec tous les fastes de l'ancien cérémonial. Il faut donc reconstituer les ornements disparus. Cahier restaure certaines pièces, en exécute d'autres d'une très grande qualité. C'est Lafitte, Premier dessinateur

Claude Odiot,
modèle de soupière.
Paris, musée
des Arts décoratifs.
Photo du musée,
Sully-Jaulmes.

du cabinet du Roi (prix de Rome en 1791) qui, dans un style strictement néo-classique, donne les modèles de la châsse du reliquaire de la Sainte-Ampoule (destinée aux restes du baume de l'onction du sacre ayant échappé aux révolutionnaires), du vase d'offrande à vin, d'une croix, d'un plat...

La Ville de Paris est également commanditaire, avec le traditionnel cadeau saluant la naissance des héri-

Claude Odiot,
modèle de salière.
Paris, musée
des Arts décoratifs.
Photo du musée,
Sully-Jaulmes.

Soyer, Modèles d'orfèvrerie choisis aux expositions des produits de l'industrie française, *Paris, 1839. Planche 78, Jacques-Henri Fauconnier, vase offert par la France à Lafayette, 1830. Paris, Bibliothèque nationale. Photo B.N.*

tiers; la duchesse de Berry reçoit en 1821 un berceau finement marqueté par son ébéniste favori, Rémond, et un déjeuner en vermeil d'Odiot, toujours requis pour ces dons officiels.

Le style néo-classique garde longtemps son prestige, et la poussée romantique ne gagne que très lentement du terrain. Les orfèvres protégés par l'Empereur et les napoléonides, prolongent d'ailleurs suffisamment leur activité pour assurer la transition. Biennais (1764-1843) ne cède son fonds à son ancien collaborateur Cahier qu'en 1819, et ce dernier continue à exploiter des modèles de son prédécesseur. Claude Odiot (1763-1850) est non seulement orfèvre de Louis XVIII, mais de Monsieur (futur Charles X) et du duc d'Orléans (futur

Louis-Philippe). Sa production évolue peu : pièces de lignes classiques auxquelles sont fixées à froid par des vis, des appliques décoratives à sujets mythologiques (victoires, satyres, Apollon...). Il se retire en 1827, laissant la place à son fils Charles.

La pureté classique du style Empire est progressivement dénaturée par un décor plus ostentatoire, plaqué sur des formes inchangées. Les palmettes s'épaississent ; s'y ajoutent des rosaces et des rinceaux, motifs typiques de la Restauration ; ces trois éléments, infiniment répétés, se combinent avec une monotone régularité. Cette évolution accompagne une certaine industrialisation de l'orfèvrerie. L'orfèvre est plus rarement créateur, il dirige un gros atelier et suit des modèles fournis par des ornemanistes ou des architectes. Certains, comme Fauconnier, aux aspirations plus romantiques, réagissent pourtant. La destinée de Jacques-Henri Fauconnier (1776-1839) est d'ailleurs on ne peut plus romanesque. Fils d'un modeste orfèvre de Longwy, il débute à Paris comme ouvrier chez Odiot. Ses talents appréciés en font bientôt un chef d'atelier, puis après son mariage, un artisan indépendant grâce à l'appui de son maître. Passionné par son art, il cherche à créer des œuvres originales et à renouveler l'inspiration ; il réalise ainsi les premières pièces de style Renaissance. Il exécute pour la duchesse de Berry un vase en vermeil dédié au peintre Girodet, avec la reproduction des tableaux de cet artiste. Dès lors les commandes affluent : grand vase donné par la Cour au sultan Mahmoud, aiguière du baptême du duc de Bordeaux, vase monumental offert par souscription au général Lafayette, chef très populaire de l'opposition libérale (Los Angeles, County Museum of Art). Il collabore avec des ornemanistes comme Chenavard, des sculpteurs comme Chaponnière ou Barye ; le sculpteur animalier présente d'ailleurs à l'exposition de 1823, sans les signer, une série de petits animaux en argent, ciselés avec dextérité par Tamisier (Chantilly, musée Condé). Ce dernier est l'un des incomparables ciseleurs, avec Vechte et Mulleret, formés par Fauconnier. Après 1823, Fauconnier se retire du circuit public et commercial des expositions industrielles pour mieux se consacrer à son art. Peu soucieux de ses intérêts, il fait bientôt faillite et le rachat de son matériel par le duc de

Antoine-Louis Barye, groupe en argent ciselé, 1819-1838. Chantilly, musée Condé. Photo Giraudon.

Montmorency ne réussit pas à le sauver ; ce précurseur de Froment-Meurice meurt sans ressources.

L'orfèvrerie religieuse

L'orfèvrerie religieuse forme un domaine un peu à part, marqué par des réminiscences des styles rocaille et Louis XVI, peut-être favorisées par la spécialisation des orfèvres. L'orfèvrerie religieuse est assez prospère sous la Restauration, où de nombreuses églises renouvellent en partie leur mobilier liturgique. Des orfèvres de l'Empire comme Bertrand-Paraud sont encore en activité, mais l'« églisier » le plus en vogue est Jean-Charles Cahier (1772-1849), le successeur de Biennais. Il avait déjà exécuté en 1806 le grand reliquaire de la Couronne d'épines pour Notre-Dame-de-Paris (encore au Trésor). Sous les Bourbons, il est l'auteur des coffrets des reliques royales et des pièces d'apparat du sacre, précédemment évoqués, et de nombreux objets de culte tels qu'aiguières, chandeliers, crosses épiscopales. Il a souvent comme auxiliaire le dessinateur du cabinet du Roi, Lafitte, qui lui fournit des dessins. C'est le cas notamment de la monumentale fontaine à thé en forme d'urne antique, ciselée par Buisson, présentée à l'exposition de 1819 (Cahier en effet ne se cantonne pas dans l'orfèvrerie religieuse) ; avec une aiguière ornée de la Cène de Léonard de Vinci, elle vaut à Cahier une médaille d'or. Cependant c'est comme initiateur du style néo-gothique que Cahier est le plus novateur ; il s'engage dans cette voie à l'instigation de son frère le père Cahier, archéologue érudit ; ce dernier consi-

Soyer, Modèles d'orfèvrerie choisis aux expositions des produits de l'industrie française, *Paris, 1839. Planche I, Jean-Charles Cahier, vase d'après Lafitte, 1819. Paris, bibliothèque des Arts décoratifs, collection Maciet. Photo Flammarion.*

dérant l'art médiéval (et plus particulièrement du XIIIe siècle) comme le plus profondément en accord avec la religion, prône un art religieux d'inspiration gothique; cette conception sera très partagée pendant tout le reste du XIXe siècle, entre autres par Poussielgue-Rusand qui rachète le fonds de Cahier, lorsque ce précurseur a des difficultés financières.

L'orfèvrerie plaquée

L'orfèvrerie plaquée, grâce à ses prix avantageux, conquiert une large clientèle bourgeoise qui peut ainsi accéder au luxe de la table. Or le plaqué, sans doute par suite de ses origines (Sheffield), est particulièrement sensible aux influences anglaises. Peut-être les liens des anciens émigrés avec l'Angleterre sont-ils aussi cause de ce qui est dénoncé par les contemporains mêmes comme de l'anglomanie. Des formes pansues et tourmentées inspirées du XVIIIe siècle, un décor un peu lourd caractérisent le plaqué. La réputation de maîtrise technique des orfèvres anglais est telle qu'Odiot n'hésite pas à envoyer son fils chez eux en stage. Lorsque celui-ci succède à son père, fort de procédés et d'un outillage adapté, il assure le triomphe de ce type d'orfèvrerie.

LA CÉRAMIQUE

De même que l'argenterie, grâce au plaqué, le service en porcelaine gagne la table bourgeoise, grâce à la baisse des prix de revient. Les manufactures de céramique connaissent ainsi au XIXe siècle une nouvelle prospérité due au renouvellement de leur clientèle. La faïence en revanche tend à disparaître, par suite de la concurrence de la faïence fine anglaise (qui touche d'ailleurs aussi la porcelaine) ; seules subsistent quelques manufactures de faïences imprimées.

La manufacture de Sèvres

La manufacture de Sèvres est toujours dirigée par Alexandre Brongniart (1770-1847), qui avait été nommé par Napoléon en 1800 ; sa direction, qui dure près de cinquante ans, assure une continuité exceptionnelle à la production de Sèvres.

Le changement de régime est mouvementé, puisqu'en 1815, les officiers prussiens occupent les lieux et ordonnent la destruction de tout objet comprenant une allusion aux napoléonides ; mais Brongniart fait en sorte que ces instructions ne soient suivies qu'au minimum. Bien qu'assez indifférent à l'art et aux arts décoratifs, Louis XVIII manifeste cependant un réel intérêt pour les porcelaines et les miniatures. Comme l'avait

Sèvres, « service des arts industriels », 1823 : sculpteurs et garnisseurs de Sèvres. Sèvres, musée national de Céramique. Photo Musées nationaux.

fait Napoléon, il inscrit la manufacture sur la liste civile. Le roi vient en outre en visite le 26 juin 1816, comme Develly le représente sur un plateau figurant « l'art de la porcelaine ». Les produits de la prestigieuse fabrique servent toujours de présents aux personnalités étrangères : le service égyptien destiné par Napoléon à Joséphine échoit finalement au duc de Wellington, ambassadeur d'Angleterre ; Metternich, quant à lui, reçoit le service des arts industriels (excepté six assiettes demeurées à Sèvres).

Brongniart, ingénieur des mines, professeur de minéralogie au Muséum à partir de 1822, stimule les recherches techniques. Depuis 1804 s'est imposée, à l'exclusion de la pâte tendre, la porcelaine dure, pour laquelle Brongniart a mis au point une nouvelle formule et une nouvelle couverte. Deux innovations en 1819 : le coulage qui permet la confection de grandes plaques, et le tour à guillocher. Boudon de Saint-Amans (1771-1858) retrouve en 1821 le procédé d'incrustation de camées. De nouvelles couleurs élargissent encore la palette, mais le fond nankin, plus ou moins jaune ou rosé, est le plus caractéristique des années 1820-1830. De 1824 à 1828, Sèvres diversifie ses activités par la création d'un atelier de peinture sur verre dirigé par Pierre Robert. L'esprit encyclopédique et didactique de

Sèvres, « service des départements » : assiette, département de la Corse, signée A. Poupart, 1827. Sèvres, musée national de Céramique. Photo Musées nationaux.

Brongniart conduit en 1823 à la présentation publique des collections dans le cadre d'un « Musée céramique et vitrique ».

La production de la fabrique est variée : services, déjeuners, meubles, biscuits. Dans les décors dominent les natures mortes, les paysages et les scènes historiques. Pour les grands services, l'iconographie peut se faire plus concrète, prenant une valeur documentaire ; ainsi le « service des arts industriels » (1824-1836) montre les activités des manufactures. Le « service des départements » (1824-1829) présente une curieuse particularité : y figurent des listes de personnages célèbres joints aux attributs du département, à un moment où, après un total renversement, la centralisation est devenue le cheval de bataille de la droite royaliste. Des meubles entièrement en porcelaine sont prétexte à de véritables tours de force techniques : une console d'après un modèle d'Alexandre Évariste Fragonard en 1819, un bureau-secrétaire d'une très grande perfection, présenté à l'exposition de 1827 (musée de Sèvres). Le procédé de coulage, l'affinement de la palette permettent d'autre part la transposition des tableaux peints sur toile ; Brongniart y voit le meilleur moyen de conserver à la postérité les chefs-d'œuvre de la peinture. Marie-Victoire Jaquotot (1772-1855), pour laquelle

Sèvres, bureau-secrétaire, 1827. Sèvres, musée national de Céramique. Photo Musées nationaux.

Louis XVIII crée le titre de « Peintre sur porcelaine du cabinet du Roi », excelle à cet exercice. Les tableaux de Raphaël sont les plus copiés. Cette mode n'a qu'un temps ; après 1848, ces fixations sur porcelaine disparaissent. Sous la Restauration, le biscuit est un peu délaissé, il ne sert guère qu'à multiplier des effigies du roi et de la famille royale.

Le style évolue peu par rapport à la période précédente, Brongniart imprimant les mêmes directions à la manufacture. Peinture et dorure cachent le fond, c'est l'apogée de la peinture sur porcelaine. A l'occasion, des peintres, comme Drolling, Isabey, Garneray, dont la facture précise et miniaturiste s'adapte bien à ce genre, réalisent des décors ; mais on emploie surtout des spécialistes. Ceux-ci ont d'ailleurs assez souvent un domaine de prédilection : le paysage et les scènes historiques pour Develly, Leguay, Robert, Lebel, le portrait en camée ou en couleurs pour Constantin, Béranger, Parant ou Marie-Victoire Jaquotot, les fleurs pour Moïse Jacobber, Comolera, et Philippine Cadet; cette division du travail entraîne parfois un certain manque d'harmonie.

Les manufactures parisiennes et provinciales

Le style des manufactures parisiennes n'est pas très différent, même s'il s'autorise souvent plus de fantaisie. C'est vers 1820 que se situe l'âge d'or de ces fabriques, dont le nombre s'est multiplié, mais pour peu de temps. Les plus importantes ont une production d'une qualité comparable à celle de Sèvres : Dihl et Guerhard qui, comme Sèvres, emploie Leguay et Mme Jaquotot; Darte qui recherche une certaine originalité; Nast régulièrement récompensé aux expositions nationales; Honoré. Paris peut également se vanter de ses décorateurs comme Feuillet, Gonord ou Legros d'Anizy très prisé pour ses décors imprimés en grisaille sur faïence fine.

Quelques manufactures de province résistent à la concurrence de la faïence fine anglaise. Celle de Bayeux (anciennement à Valognes) se spécialise dans le style oriental, imitant les décors *kakiemon* de la porcelaine d'Imari. A Valentine, on affectionne les ornements en relief, tels que fleurs, rocailles. L'Est est encore représenté grâce à la porcelaine de Niderviller. A Limoges enfin, on s'efforce de fabriquer une pâte de qualité à un prix abordable.

Manufacture de Nast, atelier de décoration indéterminé, vers 1820-1830. Limoges, musée Adrien Dubouché. Photo du musée.

Planche du recueil factice de la manufacture Dagoty-Honoré. Paris, musée des Arts décoratifs, Cabinet des dessins. Photo du musée, Sully-Jaulmes.

La faïence fine, imprimée grâce à des moyens de reproduction mécaniques, permet une production massive et industrialisée. A Creil, on applique ces procédés à partir de 1808, imprimant des paysages, des monuments, des portraits célèbres, des faits historiques, le plus souvent en grisaille sur fond jaune ou blanc. A Choisy-le-Roi, les sujets sont historiques ou populaires dans un style plus naïf. La production des faïenceries de Pont-aux-Choux, Montereau (bientôt réunie à Creil) ne manque pas de charme.

Stone, Coquerel, Legros d'Anizy, assiette en faïence de Creil, vers 1810-1820. Musée de Creil. Photo du musée.

LA MINIATURE

Boîte en or ornée d'une miniature avec le portrait de la duchesse de Berry, par F. Sieurac. Bordeaux, musée des Arts décoratifs. Photo du musée.

La Restauration constitue la dernière période de gloire de la miniature sur ivoire (ou éventuellement sur vélin), très appréciée de Louis XVIII ou de la duchesse de Berry. Les plus grands miniaturistes sont originaires de Lorraine : J.-B. Augustin (1759-1832), Fr. Dumont (1751-1831), J.-V. Guérin (1760-1836), et surtout J.-B. Isabey (1767-1855). Tous ces artistes, auxquels il faut adjoindre M.-V. Jacquotot portraiturent avec raffinement et virtuosité la société de leur temps.

Marie-Victoire Jacquotot, la vicomtesse de Sennones, 1820. Paris, musée des Arts décoratifs. Photo du musée, Sully-Jaulmes.

Veilleuse en cristal, bronze doré et sulfure à l'effigie de Louis XVIII. Bordeaux, musée des Arts décoratifs. Photo du musée.

Deux sulfures à l'effigie de Louis XVI et de Marie-Antoinette, vers 1815. Paris, musée des Arts décoratifs. Photo du musée, Sully-Jaulmes.

LE VERRE

Le cristal

Sous la Restauration, le nombre de manufactures produisant du verre prouve le succès de cette matière. Verres à boire, vases, lustres, bibelots, meubles même font partie de cette production. Le cristal au plomb est fabriqué dans plusieurs grandes manufactures : Montcenis au Creusot (jusqu'en 1832), Saint-Louis et Baccarat qui avait quitté Vonèche en 1816. La « Verrerie de Vonèche à Baccarat », devenue en 1823 la « Compagnie des cristalleries de Baccarat » reçoit en 1828 la visite de Charles X lors de son voyage dans l'Est de la France. En outre, de nouvelles cristalleries ouvrent leurs portes sous la Restauration : Choisy-le-Roi en 1821, sous la direction de Grumblot puis du dessinateur et technicien Georges Bontemps qui retrouve le procédé pour colorer le verre dans la masse ; et Bercy en 1827 sous la direction de J.-A. Paris, avec pour spécialité les incrustations de couleur. La technique progresse, stimulée par l'ambition de concurrencer l'Angleterre ; en 1824 notamment, Robinet invente à Baccarat la pompe à air comprimé pour faciliter le soufflage. Le décor est le plus souvent en pointes de diamant sans très grande variété, mais ces cristaux sont fréquemment agrémentés de montures en bronze doré et ciselé. Les cristaux sont alors livrés aux « metteurs en œuvre », pour la plupart parisiens ; ceux-ci cumulent souvent le commerce et la « garniture » de cristaux, porcelaines et bijoux ; c'est « l'article de Paris ». Mme veuve Desarnaud-Charpentier, au Palais-Royal à l'enseigne de *L'Escalier de cristal* est la plus célèbre ; elle aurait eu la hardiesse d'inaugurer la fabrication d'objets d'ornement et surtout de meubles entièrement en cristal et bronze.

Les sulfures

C'est sous la Restauration que sont produits les plus beaux sulfures selon une technique qui avait été mise au point à la fin du XVIIIe siècle par Ladoueppe du Fougerais : un camée blanc en stéatite, à reflet argenté, est appliqué sur une surface plane de cristal, puis une nouvelle couche de cristal est coulée avant que le tout soit cuit, taillé et poli. Ces sulfures sont fabriqués par les cristalleries du Creusot, de Baccarat, de Saint-Louis, de Bercy, mais également par la maison Desprez (rue des Récollets à Paris), ou par le chevalier Boudon de Saint-Amans. Très à la mode, ces camées forment des médaillons, ou ornent des presse-papiers, des bonbonnières, des veilleuses, des flacons, des verres. Ils peuvent représenter des sujets religieux, mais la plupart diffusent et véhiculent une imagerie politisée ; aux amis des Bourbons, Alexandre Ier, Georges IV, Guillaume Ier, Pie VII, sont opposés Washington, Simon Bolivar, La Fayette, le général Foy. Ces portraits sont généralement tirés de médailles de Bernard Andrieu, Gayrard, Launois ou Dubois, fournissant une charmante galerie de portraits de contemporains, dont la qualité baissera après 1830.

Les opalines

Toutes les cristalleries se consacrent également à la fabrication des opalines afin de lutter contre l'attrait des verres colorés de Bohême. Le procédé connu à Venise depuis le XVIe siècle, est appliqué en France au cristal au plomb depuis le début du siècle ; d'après les formulaires de l'époque, le cristal est coloré au moyen de cendre d'os, d'étain et d'arsenic, auxquels s'ajoute l'oxyde métallique propre à rendre le bleu turquoise, le rose « hortensia » ou le rose « gorge-de-pigeon », couleurs tendres alors en vogue. Les bibelots en cristal opale envahissent les intérieurs : bonbonnières, vases, veilleuses, encriers, flambeaux ; une dame ne se promène pas sans son petit flacon renfermant les indispensables sels. La technique du pressé mécanique et, plus encore, celle du moulage par soufflage, introduites sous le règne de Charles X, permettent des formes audacieuses : lustres, grands flambeaux de cheminée. Sous la Restauration, les opalines ont un décor de tailles à grosses côtes rondes dites en bambou (parallèles, rayonnantes, hélicoïdales), à côtes plus étroites, à arêtes vives, ou encore en pointes de diamant. Des motifs dorés (chiffres, devises, filets, couronnes, étoiles) relèvent parfois une surface lisse. Enfin des montures en bronze doré garnissent aussi les opalines.

Coffret en opaline, vers 1810-1820. Paris, musée des Arts décoratifs. Photo du musée, Sully-Jaulmes.

Sucrier en opaline, vers 1820. Paris, musée des Arts décoratifs. Photo du musée, Sully-Jaulmes.

Grand frères d'après Dugourc, portière à bouclier antique destinée à la salle du Trône des Tuileries. Paris, collection du Mobilier national. Photo Mobilier national.

LES TISSUS

Le rôle très important des tissus dans le décor intérieur a déjà été évoqué. Si les tentures de soie sont assez rares chez les particuliers, en revanche toiles et cotonnades imprimées sont très prisées. La vogue naissante des sièges de tapisserie, à la fin du règne de Charles X, fournit un champ accru aux arts textiles. Enfin les sols sont volontiers garnis de tapis, complétant ces chauds revêtements.

Les soieries

Les luxueuses soieries lyonnaises font surtout l'objet de commandes royales et princières. Lyon détient un quasi-monopole, avec ses milliers de canuts travaillant à domicile dans de petits ateliers ; le Garde-Meuble cependant, soucieux d'équité, ne néglige pas totalement Tours, où l'on fabrique des soieries moins prestigieuses. Nîmes se cantonne dans des tissus de soie et de fil de seconde qualité. A Lyon les fabricants comme Grand frères (successeurs de Pernon), Chuard et Cie exécutent des damas, lampas, brocarts auxquels sont assorties avec grand soin des bordures. La mode est aux semis de fleurs, rinceaux, guirlandes, couronnes, palmettes, lyres. Lorsqu'il s'agit de tapisser les appartements des Tuileries, c'est le dessinateur du Garde-

Jean-Démosthène Dugourc, carton de tapisserie pour la salle du Trône des Tuileries. Paris, musée des Arts décoratifs. Photo du musée, Sully-Jaulmes.

Meuble (Dugourc puis Saint-Ange) qui conçoit le modèle ; la maison choisie, après soumission, doit envoyer à Paris des échantillons qui sont minutieusement examinés, puis réexpédiés avec des demandes de corrections. Tel est le cas notamment pour la tenture de la salle du Trône des Tuileries, tissée à grands frais par l'illustre maison Grand sur des dessins de Dugourc. Grâce à ces contrôles tatillons, la tenture où abondent les symboles royaux (fleurs de lys, colliers de l'ordre de Saint-Michel et du Saint-Esprit) est d'une perfection admirable. La famille royale a d'autre part la possibilité d'utiliser les kilomètres de soieries commandées par Napoléon et restées en magasin.

Les toiles et les cotonnades imprimées

Les toiles et cotonnades imprimées ont toujours leurs amateurs. La manufacture de Jouy se maintient après la mort d'Oberkampf (en 1815) et les manufactures se multiplient. Des perfectionnements techniques facilitent l'impression. L'architecte Hippolyte Lebas fournit plusieurs modèles : les Monuments de Paris en 1816, les Colombes en 1824, les Monuments du Midi en 1828. Les sujets sont imprimés en camaïeu (ocre, bronze, vert ou violet foncé), le plus souvent en petites vues encadrées, ponctuant un fond décoratif à la manière de Huet.

Saint-Ange, dessin d'un tapis de la Savonnerie pour le salon des quatre Cheminées des Tuileries, 1824. Paris, Bibliothèque nationale, Estampes. Photo B.N.

Saint-Ange, dessin d'un tapis de la Savonnerie pour le salon de réception de la duchesse de Berry, 1820. Paris, Bibliothèque nationale, Estampes. Photo B.N.

Les tapis et la tapisserie

Harmonisé aux tissus qui donnent le ton, le tapis complète l'ameublement. Il est en général d'une couleur assez sourde pour s'effacer et se fondre dans l'ensemble. Les plus simples sont « couleur de gazon », « de terre », ou, lorsqu'ils sont à fleurs, « à gazons fleuris ». La Savonnerie et Aubusson sont les manufactures les plus réputées, mais une production plus industrielle se développe également à Abbeville, Tourcoing, Amiens, Nîmes et Bordeaux. Ce sont les dernières années de la manufacture royale de la Savonnerie dans les bâtiments du quai de Chaillot, puisqu'elle doit les quitter lors de son rattachement à la manufacture des Gobelins en 1826. Grâce à leur résistance exceptionnelle, les tapis de la Savonnerie sont les mieux conservés, et les mieux connus également. Le roi a évidemment recours à sa manufacture pour les commandes les plus somptueuses comme le tapis de la salle du Trône (exécuté d'après un dessin de Dugourc), celui de son cabinet de travail (d'après un dessin de Saint-Ange dont les compositions sont de plus en plus chargées). Les appartements de la duchesse d'Angoulême et ceux de la duchesse de Berry bénéficient également de ces coûteuses réalisations. Pour le sacre de Charles X, Saint-Ange projette un tapis de style gothique.

A Aubusson, la production s'adresse à une clientèle plus large, ce qui n'exclut pas d'ailleurs les commandes royales. Les décors sont assez proches de ceux de la Savonnerie (volutes, rinceaux, acanthes, cygnes, cornes d'abondance, fleurs), mais la variété est plus grande.

La tapisserie est toujours pratiquée aux Gobelins, sans très grande originalité, et à Beauvais, qui en retire une prospérité certaine. La tapisserie au petit point (en laine ou en soie) jouit d'un engouement dont témoigne l'ensemble laissé par la duchesse de Berry au château de Rosny. Il faut aussi mentionner dans les arts textiles la broderie, illustrée par les ateliers parisiens de Jean-François Bony, Picot, d'Allemagne, et la passementerie (Louvet, d'Allemagne).

LES PAPIERS PEINTS

Manufacture Dufour, Télémaque dans l'île de Calypso. *Décor panoramique, vers 1819. Paris, musée des Arts décoratifs. Photo du musée, Sully-Jaulmes.*

Tout autant que d'étoffes, les murs sont tapissés de papiers peints, que les fabricants cherchent à rendre accessibles quant à leurs prix ; aussi rivalisent-ils d'ardeur et multiplient-ils les perfectionnements techniques. Zuber réussit, en accolant des feuilles dans le sens de la largeur, à fabriquer des lés de neuf mètres de long, ce qui facilite la pose. Vers 1826-1827, il dépose un brevet pour l'impression au cylindre de cuivre en taille douce (en même temps que Dickinson en Angleterre) ; ce procédé se répandra surtout avec l'adoption du papier « continu ». La gamme des couleurs s'élargit.

Excepté le pôle Mulhouse-Rixheim, les manufactures sont groupées à Paris : Jacquemart et Bénard, anciens associés de Réveillon à la Folie-Titon, qui ont pris sa succession après 1789 ; la célèbre manufacture Dufour (après un début à Mâcon, à Paris dès 1808), dans laquelle se forment beaucoup de futurs fabricants ; Dauptain. A Rixheim, le dynamique Zuber a pris la suite de Dollfus.

Les modèles sont d'une diversité surprenante, faisant du papier peint un terrain d'inventions privilégié. Chacun s'ingénie avec succès à imiter d'autres matières : le bois, le stuc, la pierre sculptée dans le style gothique ou

Papier peint à motif de draperies, vers 1815-1820. Paris, musée des Arts décoratifs. Photo du musée, Sully-Jaulmes.

rocaille, les frises ou bas-reliefs antiques, et surtout les étoffes (moires, dentelles, satins...). Le sommet de ce goût du trompe-l'œil est de donner l'illusion des draperies. Ces draperies peuvent se limiter aux bordures ou remplir des panneaux entiers ; les combinaisons de ces étoffes simulées, avec leurs embrasses, leurs festons, leurs lambrequins, leurs passementeries, sont infinies. Comme dans les arts textiles, les décors de feuillages et de fleurs sont courants ; ils peuvent se mêler à des trophées, guirlandes, corbeilles, figures ailées.

Les panoramiques

Mais les modèles les plus prestigieux, ceux qui assurent la prééminence française dans le domaine du papier peint, restent les panoramiques. Ces véritables tableaux, d'abord limités à des dessus de porte, à des devants de cheminée ou à de simples panneaux, s'étendent au début du siècle à des murs entiers, nécessitant l'impression de centaines, voire de milliers de planches. Grâce à d'habiles différences d'échelle entre le premier et les arrière-plans, ils créent une impression de profondeur et agrandissent la pièce.

Dufour et Zuber proposent un nombre impressionnant de ces panoramiques, dont la qualité est assurée par l'appel à des dessinateurs de renom. Ainsi Lafitte dessine pour Dufour *L'Histoire de Psyché* en 1816 (d'après *Les Amours de Psyché* de Jean de La Fontaine), grisaille rehaussée de sépia, dont le succès est tel

Manufacture Zuber, vues du Brésil, Rixheim, 1830. Paris, musée des Arts décoratifs. Photo du musée, Sully-Jaulmes.

qu'elle est exportée dans toute l'Europe et aux Etats-Unis. Jacques-Christophe Mader, d'origine alsacienne, donne le modèle des *Fêtes grecques ou olympiques* en 1824. Comme les *Aventures de Télémaque* (d'après Fénelon) qui excitent l'hilarité des hôtes de la pension Vauquer dans *Le Père Goriot,* ces deux derniers exemples sont d'un style néo-classique, avec leurs personnages vêtus à l'antique et leurs architectures rigoureuses. Jean Broc est plus sensible à la mode troubadour, quand il illustre *Paul et Virginie* en 1823, ou *Renaud et Armide;* de même Mongin compose pour Zuber *La Dame du lac* d'après Walter Scott.

Cette imagerie murale illustre souvent un thème littéraire, parfois un texte publicitaire en développe l'argument au moment de la sortie. Mais les panoramiques peuvent se faire l'écho des événements contemporains, comme les *Combats contre les Grecs,* parus chez Zuber en 1827, à l'occasion des guerres d'indépendance helléniques. Enfin le paysage est abondamment représenté : Monuments de Paris (1815), Monuments de Lyon (1823), Vues d'Italie (1823) et, sacrifiant à l'attrait de l'exotisme, Vues du Brésil, d'Arabie, d'Inde, de Chine...

Ravrio, pendule.
Bordeaux, musée des Arts décoratifs.
Photo du musée.

A gauche : *Gravure d'un candélabre avec un génie, vers 1820. Paris, Bibliothèque nationale, Estampes. Photo B.N.*

Pierre-Philippe Thomire, pendule avec Œdipe et Antigone sur la tombe de Laius, vers 1820. Paris, musée du Louvre. Photo Musées nationaux.

LE BRONZE

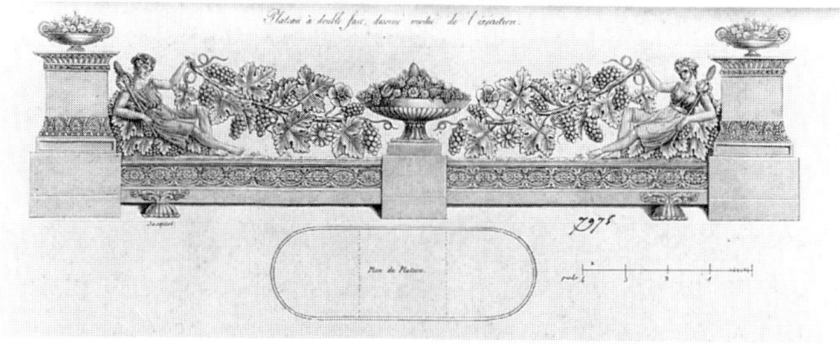

Gravure d'un surtout attribué à Pierre-Philippe Thomire, vers 1820. Paris, Bibliothèque nationale, Estampes. Photo B.N.

Une gravure nous conserve le souvenir du stand des bronziers Feuchère à l'exposition de 1819 ; sur des cheminées à appliques de bronze, sont posés les objets présentés : des feux en forme de rhyton ou avec des lions dorés, un vase Médicis, un temple en lapis-lazuli, la corbeille d'un surtout, des candélabres, une pendule avec l'Amour et Psyché (d'après Michallon), une grille de balcon destinée au Louvre. Cet état est tout à fait représentatif de la diversité des articles en bronze : bronzes d'ameublement, feux, surtouts, pendules.

La mode du surtout en bronze est apparue à la fin de l'Empire, lorsque le service « à la russe » (où l'on apporte les assiettes déjà servies à chaque convive) a supplanté le service « à la française ». Le centre de la table est garni d'un surtout qui y demeure tout le long du repas ; sur un long plateau bordé d'une galerie, sont disposés des corbeilles de fruits et de fleurs, des étagères et des candélabres dont la lumière se réfléchit sur la surface lisse du surtout. Thomire (1751-1843) est le grand spécialiste de ces garnitures de table.

Les pendules restent de style néo-classique pendant les premières années de la Restauration et la permanence des modèles dans les ateliers rend la datation

Rémond et Denière, berceau du duc de Bordeaux, 1820. Paris, musée des Arts décoratifs. Photo du musée, Sully-Jaulmes.

délicate. Les pendules à colonnes et fronton en forme de temple, ou les pendules-bornes sont toujours courantes ; s'y ajoutent simplement des motifs naturalistes comme fleurs, fruits, guirlandes. Les pendules à figures ont des sujets tirés de l'histoire ou de la mythologie antique (Apollon, Œdipe et Antigone, Enée et Didon...). Les fabricants de bronze cependant semblent particulièrement sensibles aux caprices de la mode, et attentifs aux désirs de la clientèle ; aussi assiste-t-on, à l'exposition de 1827, à une invasion de pendules « à la cathédrale » (sans pour autant d'ailleurs éliminer les sujets néo-classiques). Les formes se compliquent de clochetons, pinacles, rosaces ; des troubadours chantent des ballades à leur dame.

Les marchands et fabricants de bronze se multiplient ; d'après l'*Almanach du commerce,* ils sont 51 en 1813, 111 en 1826. Quelques-uns dominent : Thomire, les Feuchère, Denière, Ledure, Galle fils. La division du travail s'accroît (fonte, ciselure, dorure) ; les ornements et les figures, fabriqués séparément, sont ensuite combinés. Certaines entreprises deviennent énormes ; Denière par exemple (qui fournit les bronzes du berceau du duc de Bordeaux) emploie plus de mille ouvriers en 1819. Cette industrialisation progressive va avoir pour conséquence une baisse de qualité, sensible surtout sous Louis-Philippe.

LA PEINTURE

La période qui s'étend, entre 1815 et 1830, est dans le domaine de la peinture d'une richesse, et par là même, d'une complexité extrêmes. Il serait un peu simpliste d'opposer sans nuances néo-classicisme et romantisme, car nombre d'artistes ne se laissent pas réduire aussi nettement à l'un de ces deux courants.

Le néo-classicisme

David avait jusque-là incarné le néo-classicisme, mais le peintre révolutionnaire doit s'exiler à Bruxelles après le retour des Bourbons ; il y infléchit d'ailleurs son répertoire vers une Antiquité moins virile et moins héroïque (*Mars désarmé par Vénus* et *Les Trois Grâces)*, en même temps que son style se fait plus précieux. Chez ses élèves, ces tendances s'accentuent ; le raffinement du dessin confine au maniérisme chez Girodet ou chez Prud'hon qui achève sa carrière par des tableaux religieux (l'*Assomption de la Vierge*, 1819 ; le *Christ expirant sur la croix*, 1823). David avait confié son atelier à Gros (1771-1835) ; ce dernier, épris de couleur et de mouvement, nourri de la fougue baroque de Rubens, mais en même temps fidèle aux préceptes de David, peut être qualifié de néo-classique autant que de romantique. Le nouveau régime le charge d'illustrer ses hauts faits, mais dans les *Adieux de Louis XVIII en 1815* ou l'*Embarquement de la duchesse d'Angoulême à Pauillac*, il a bien du mal à retrouver la verve épique que lui insufflait l'aventure impériale. En 1824, lorsqu'il achève de peindre la coupole du Panthéon, il est fait baron et sa renommée sociale est à son apogée. Gérard (1770-1837), également nommé baron, demeure le portraitiste officiel (*Portrait de Charles X*, Reims, palais du Tau). Il traite tout aussi volontiers des sujets tirés de la littérature (*Corinne au cap Misène* en 1819, musée des Beaux-Arts de Lyon, d'après le célèbre roman de Mme de Staël).

Mais le défenseur le plus reconnu du néo-classicisme est Ingres (1780-1867) qui revient d'Italie en 1824, et est élu membre de l'Institut après le succès du *Vœu de Louis XIII* destiné à la cathédrale de Montauban. Dans ses œuvres officielles, il apparaît comme l'illustrateur des principes prônés par l'Académie : ainsi en 1826-1827, l'*Apothéose d'Homère* pour un plafond du musée Charles X, réunissant des modèles antiques copiés çà et là. Autant que les Antiques, qu'il étudie inlassablement, Ingres a longuement regardé les maîtres de la Renaissance italienne, et tout particulièrement Raphaël (*Jésus remettant les clés à saint Pierre* inspiré des cartons de Raphaël pour la tapisserie du Vatican). Cependant dans *Roger délivrant Angélique* (musée du Louvre), l'artiste s'écarte du strict néo-classicisme par le thème féerique d'abord, tiré du *Roland furieux* de l'Arioste, et par son étrange façon de traiter le nu surtout, sacrifiant la réalité de l'anatomie à la beauté de l'arabesque et à l'exaltation de la ligne. Lorsqu'il puise ses sujets dans l'histoire du Moyen Age ou de la Renaissance, il réussit à créer les chefs-d'œuvre de ce genre anecdotique (*Mort de Léonard de Vinci*, 1817 ; *Henri IV jouant avec ses enfants*, 1818, Paris, musée du Petit-Palais ; *Paolo et Francesca* 1819, Angers, musée des Beaux-Arts).

Scènes de genre

Lorsqu'il aborde ce registre médiéval, Ingres se rattache au courant de la peinture dite « troubadour », né sous le Consulat et l'Empire ; les tableaux de genre à sujets tirés de l'histoire nationale, notamment médiévale, avaient alors envahi les salons. Si ces toiles, de petit format, empruntent au Moyen Age, costumes et

François Gérard, Corinne au cap Misène, *1819. Lyon, musée des Beaux-Arts. Photo Giraudon.*

architectures gothiques, la facture lisse et méticuleuse se réfère plutôt au métier hollandais du XVIIe siècle. Sous la Restauration, le romantisme et son penchant pour le Moyen Age renforcent cette inspiration qui devient plus littéraire ; mais dès le Salon de 1824, les

J.-A. Dominique Ingres, Roger délivrant Angélique. *Paris, musée du Louvre. Photo Musées nationaux.*

Paul Delaroche, Les Enfants d'Edouard V, *1830. Paris, musée du Louvre. Photo Musées nationaux.*

critiques manifestent une certaine lassitude pour le style troubadour.

La vogue de ces petits formats, au sujet anecdotique, à la manière porcelainée et miniaturiste, ne se limite pas aux troubadours ; peuvent également se réclamer de la tradition hollandaise quelques peintres de scènes intimistes comme Boilly ou Drolling (*Intérieur de cuisine,* 1815, musée du Louvre), ou un peintre de paysages à la précision photographique comme Bouhot.

Le romantisme

Dans sa période la plus romantique (vers 1824-1827), Eugène Delacroix (1798-1863) fait lui aussi une pein-

Martin Drolling, Intérieur de cuisine, *1815. Paris, musée du Louvre. Photo Musées nationaux.*

Eugène Delacroix,
Les Massacres de Scio,
1824. Paris,
musée du Louvre.
Photo Musées
nationaux.

ture littéraire, illustrant Dante, Shakespeare (*Desdémone et Emilia* en 1825) Walter Scott, Byron (*La Mort de Sardanapale,* 1827) ou encore l'Arioste ; l'histoire nationale l'attire aussi dans *Le Roi Jean à la bataille de Poitiers* (commandé par la duchesse de Berry en 1830). Mais il transcende tous ces thèmes, et s'impose, à la suite de Géricault, comme le chef de file de l'école romantique, même s'il s'en défend et si ses écrits révèlent parfois des réactions classiques. C'est au salon de 1822 qu'il présente pour la première fois une œuvre au public (*Dante et Virgile*), mais c'est le salon de 1824 avec les *Massacres de Scio,* qui le consacre comme vedette du romantisme.

Le dépaysement, l'étrange, la terreur et le pathétique peuvent être recherchés dans l'histoire contemporaine autant que dans le passé ou la légende. Géricault ouvre la voie avec le *Radeau de la Méduse.* Il part d'un fait divers : le naufrage de la frégate la *Méduse.* Il n'hésite pas à mener une enquête auprès des survivants et à faire des observations sur des mourants à l'hôpital Beaujon ; mais, dépassant le fait immédiat, c'est surtout pour lui l'occasion d'explorer et de sonder les limites

Théodore Gericault, Le Radeau de la Méduse, *1819. Paris, musée du Louvre. Photo Musées nationaux.*

des humains désespérés. Une démarche assez comparable le conduit à faire des portraits de fous.

Les guerres d'indépendance grecques contre les Turcs sont un sujet de prédilection. Un fort mouvement en faveur des insurgés était né, suscitant une riche littérature ; Chateaubriand préside un comité philhellénique, envoyant secours et volontaires. Delacroix dépeint la révolte de 20 000 Grecs d'une petite île dans les *Massacres de Scio* (musée du Louvre) ; la toile exposée au Salon de 1824, lui est achetée par l'Etat pour 6 000 F, ce qui lui paie un utile voyage en Angleterre. Delacroix réaffirme son adhésion à la cause grecque, en présentant en 1826 la *Grèce sur les ruines de Missolonghi* (Bordeaux, musée des Beaux-Arts), dans une exposition organisée au profit des insurgés.

En 1824, les Français peuvent découvrir peintres et aquarellistes anglais ; pour Delacroix, c'est le choc de la révélation de la *Charrette de foin* de Constable, de sa pâte légère et fluide, de sa technique spontanée. Cette forte impression l'amène à retoucher rapidement le fond des *Massacres de Scio.*

Le dernier grand tableau romantique de Delacroix est la *Mort de Sardanapale,* composition fougueuse, symphonie de couleurs somptueuses, nourrie de l'étude de Rubens. L'accueil fut hostile à cette œuvre où

Eugène Delacroix,
La Grèce expirant
sur les ruines
de Missolonghi,
1826. Bordeaux,
musée des Beaux-Arts.
Photo Giraudon.

tisme d'un Orient de fiction. C'est la fin du romantisme de Delacroix qui revient ensuite aux grandes traditions classiques de la peinture du XVIIe siècle.

Corot

A l'écart aussi bien d'Ingres que de Delacroix, Corot (1796-1875) envoie des toiles d'Italie où il séjourne entre 1825 et 1828 : ainsi en 1827, la *Vue prise de Narni.* Dans ses études (*Le Colisée vu des jardins Farnèse au Palatin* ou le *Forum vu du Palatin,* musée du Louvre), l'artiste se montre étonnamment novateur, soucieux du rendu des variations atmosphériques.

François-Joseph Bosio, Apothéose de Louis XVI. *Paris, chapelle expiatoire. Photo Flammarion.*

Gravure du monument élevé au duc de Berry par James Pradier dans la cathédrale Saint-Louis de Versailles, 1821-1824. Photo B.N.

David d'Angers, tombeau du général Bonchamps, 1819-1825. Saint-Florent-le-Vieil. Photo Boudot-Lamotte.

François-Joseph Bosio, statue équestre de Louis XIV. Paris, place des Victoires. Photo Flammarion.

LA SCULPTURE

Henri Lemaire,
Jeune fille
au papillon, *1827.*
Valenciennes,
musée des Beaux-Arts.
Photo du musée.

Le néo-classicisme

Jusque dans les années 1825, le néo-classicisme domine. Des textes mûris de longue date paraissent alors : *L'Imitation* (1823) et *L'Idéal* (1827) de Quatremère de Quincy. Les sculpteurs, qui ont travaillé sous l'Empire, sont encore en activité. Canova conserve son influence sur les artistes français ; le groupe *Thésée et le centaure* par exemple, versant héroïque de son œuvre a une longue postérité : *Cadmus* de Dupaty, *Nisus et Euryale* de Roman (1822-1827), *Thésée combattant le minotaure* de Ramey fils (1827). Tous ces morceaux de Salons ont en commun l'étude d'un nu viril au combat, l'élan du mouvement et la composition triangulaire.

Cependant, ce néo-classicisme va évoluer, tout d'abord par la révélation du naturalisme de la sculpture classique des bas-reliefs du Parthénon transportés à Londres en 1820. Les charmantes figures féminines de Pradier (1792-1852), d'un naturalisme nuancé et d'une exécution raffinée et sensuelle, illustrent bien l'hellénisme de la sculpture française des années 1820-1830. D'ailleurs une génération de sculpteurs disparaît alors : Roland meurt en 1816, Dupaty en 1825, Stouf en 1826, Lemot en 1827, Cartellier en 1831. Une nouvelle génération, formée sous l'Empire et aspirant à des formules renouvelées, perce : Rude (1784-1855), David d'Angers (1788-1856), Giraud (1783-1836).

Commandes officielles

Si la sculpture présente un tel décalage par rapport à la peinture, c'est qu'elle est extrêmement dépendante des volontés du commanditaire. En effet, sauf s'il suscite une commande par la présentation d'un plâtre au Salon, le sculpteur ne peut assurer les frais de la matière première et entreprendre une œuvre de son propre chef; il lui faut donc se plier aux exigences de l'État ou d'une collectivité locale.

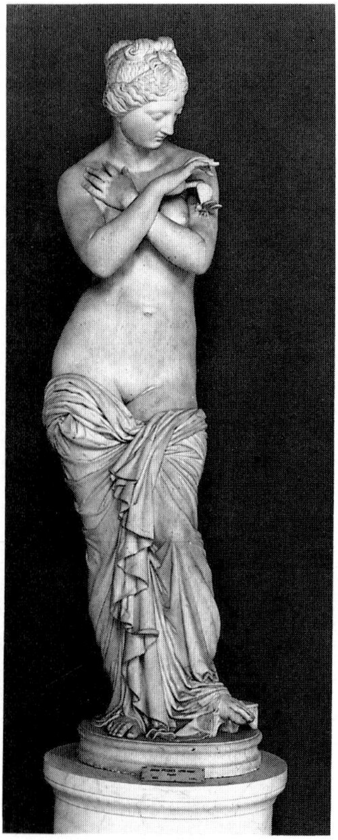

James Pradier, Psyché, *1824. Paris, musée du Louvre. Photo Musées nationaux.*

François-Joseph Bosio, Henri IV enfant. *Statue en argent fondue par Claude Odiot, 1822-1824. Paris, musée du Louvre. Photo Musées nationaux.*

Pour le gouvernement royal, la statuaire, comme l'architecture, peut jouer un rôle expiatoire. Tel est le but de l'*Apothéose de Louis XVI* par Bosio et de *Marie-Antoinette soutenue par la religion* à la Chapelle expiatoire de Paris, mais également des monuments dédiés au duc de Berry après son assassinat par Louvel en 1820. La chapelle élevée à l'emplacement du crime contenait des bas-reliefs de Cartellier, Dupaty et Cortot; Pradier enfin s'assure la faveur du régime en obtenant la commande d'un groupe allégorique à la mémoire du duc pour la cathédrale de Versailles. La souscription pour l'érection d'un monument au général Bonchamps, « martyr » des guerres de Vendée résulte d'un état d'esprit comparable. David d'Angers dans une composition frappante et originale – le général se soulève à demi pour implorer la grâce des prisonniers – met l'accent sur la clémence magnanime du personnage.

La Madeleine, monument miroir du régime, tour à tour église, temple de la gloire, église expiatoire, doit aussi pour Louis XVIII, racheter la faute de la France. Lorsque le concours pour le fronton est organisé en 1829, le programme est beaucoup plus vague, mais certains concurrents montrent quand même Louis XVI au milieu des saints. Le bas-relief avec le jugement dernier dû à Lemaire (lauréat à la surprise générale face à Pradier) est d'un classicisme qui doit beaucoup à Canova.

Geste tout aussi politique, la Restauration s'empresse de rétablir les effigies royales qui garnissaient traditionnellement les places royales. Ainsi Lemot est chargé de fondre (qui plus est à partir des débris des Napoléon de la colonne Vendôme et de celle de Boulogne-sur-Mer, et du Desaix) une statue équestre d'Henri IV pour le Pont-

David d'Angers, Jeune Grecque au tombeau de Marco Botzaris, *1827. Modèle en plâtre. Angers, musée David d'Angers. Photo du musée.*

Neuf, Dupaty un Louis XIII pour la place des Vosges, et Bosio un Louis XIV pour la place des Victoires. Ce dernier, « Premier sculpteur du Roi » (puis baron sous Charles X après l'inauguration du Quadrige de l'arc du Carrousel) présente au Salon de 1822 le modèle en plâtre d'une statue d'*Henri IV enfant,* dont le succès est exemplaire : exécution en marbre pour Versailles, pour la chambre d'Henri IV à Pau, fonte en argent massif par les orfèvres Odiot et Soyer (musée du Louvre). En province, les municipalités de Nérac, Pau, Caen, Lyon, Montpellier rivalisent de zèle pour rétablir en place d'honneur les monarques d'Ancien Régime. En Provence, c'est une statue du roi René qu'Aix demande à David d'Angers.

Ce dernier ne renie pas pour autant ses opinions républicaines ; il faut plutôt voir dans ses réalisations des hommages aux grands hommes, comme il y en aura tout au long du XIXe siècle. Par ailleurs, il honore la mémoire de Marco Botzaris, enterré sur le champ de bataille de Missolonghi en 1823, par l'image très pure de la *Jeune Grecque* déchiffrant l'inscription du tombeau du héros.

TABLE DES MATIÈRES

Iconographie : Béatrice Petit
Dessin : Claudine Caruette

Achevé d'imprimer en décembre 1988,
sur les presses de l'Imprimerie de l'Indre, à Argenton-sur-Creuse.
N° d'éditeur : 12235 - Dépôt légal : 1er trimestre 1989 - N° d'imprimeur : 11869